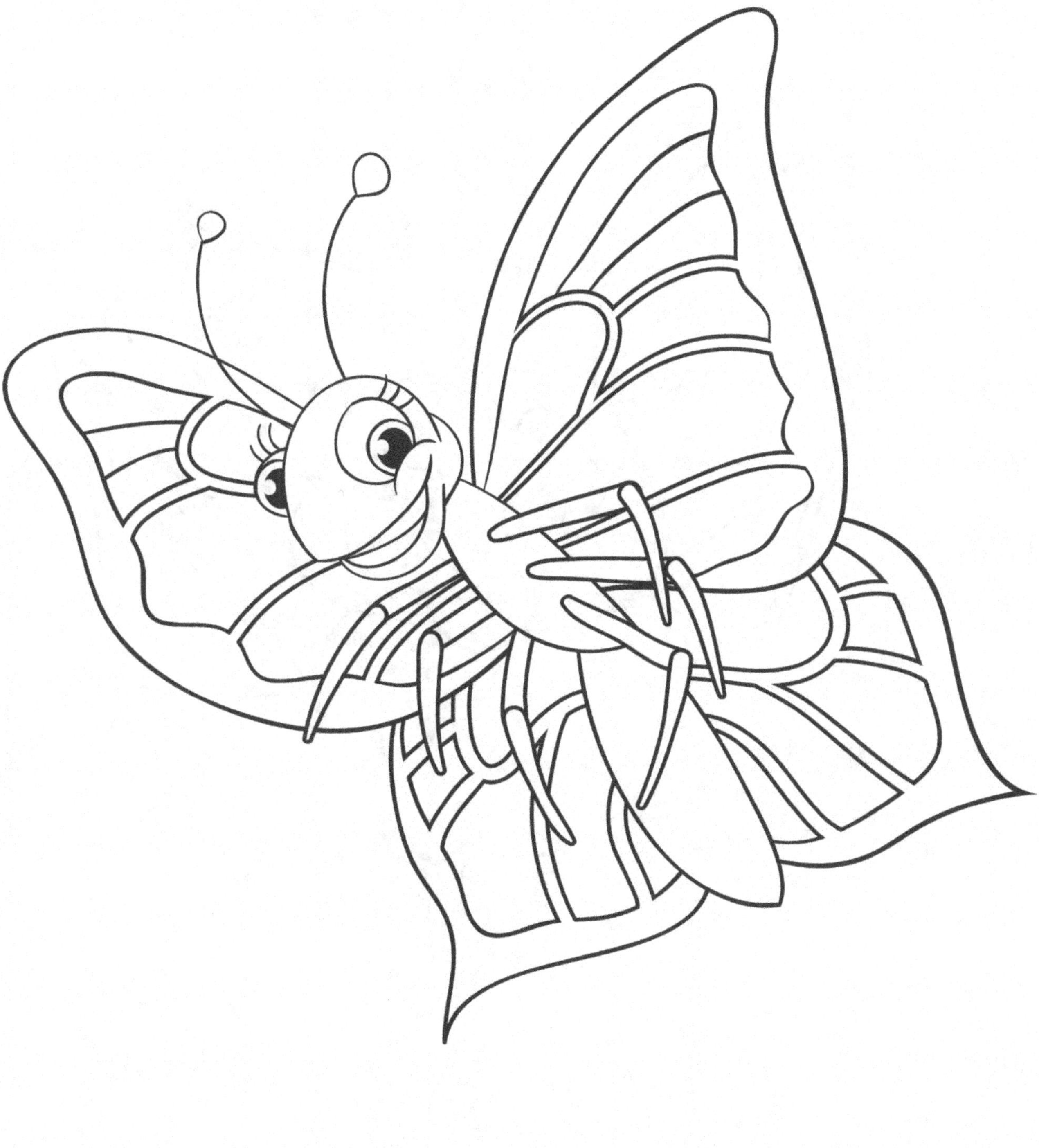

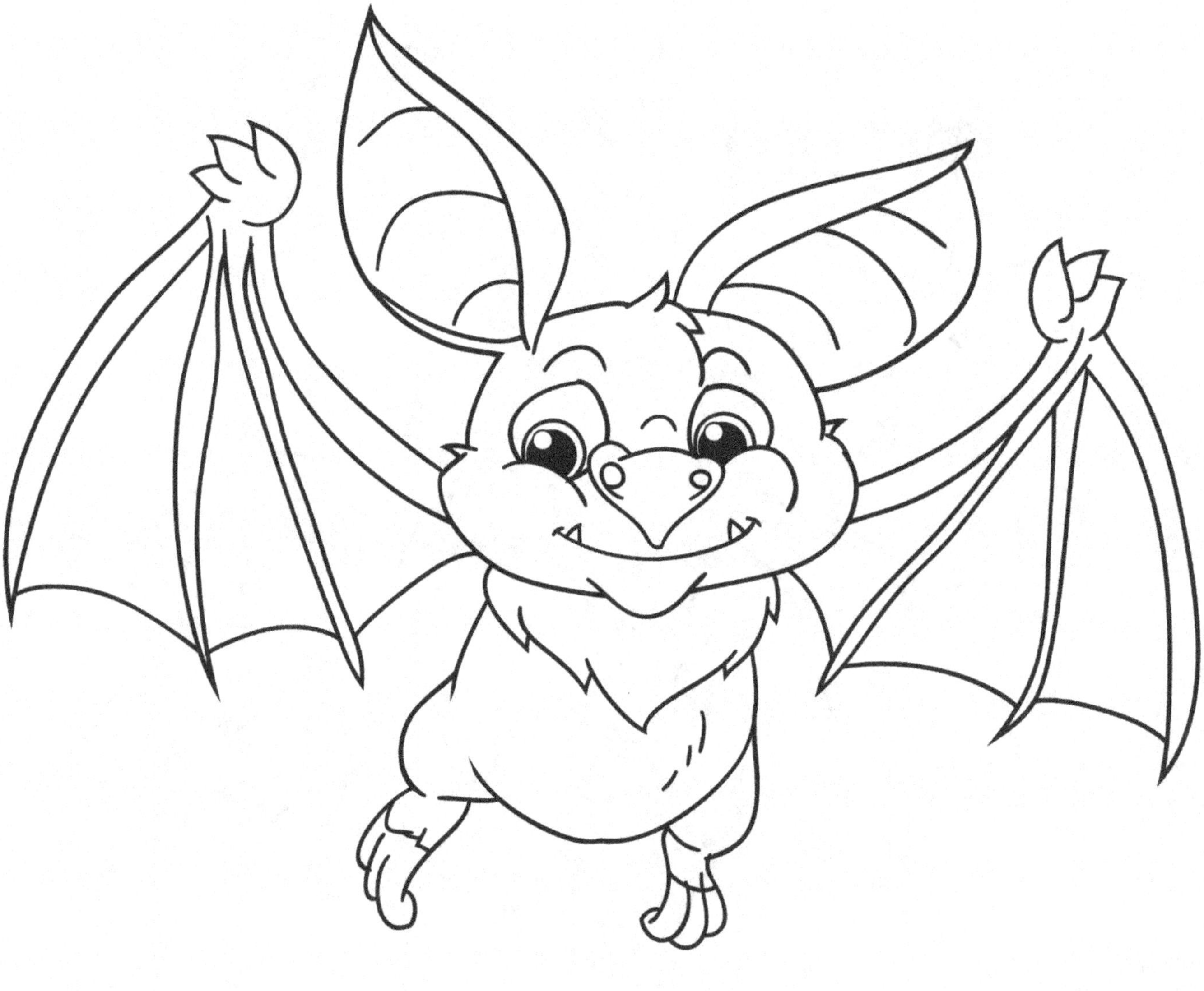

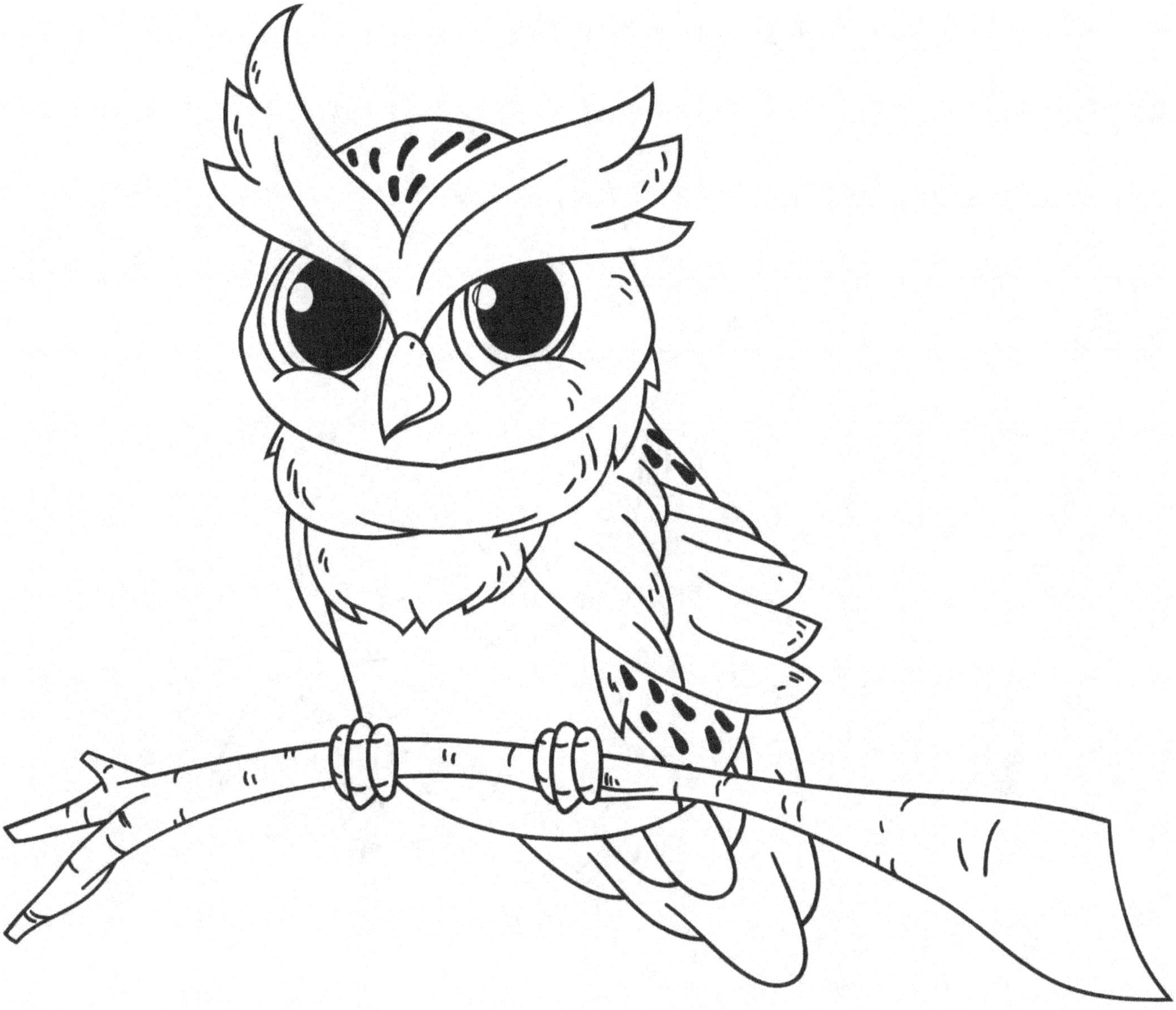

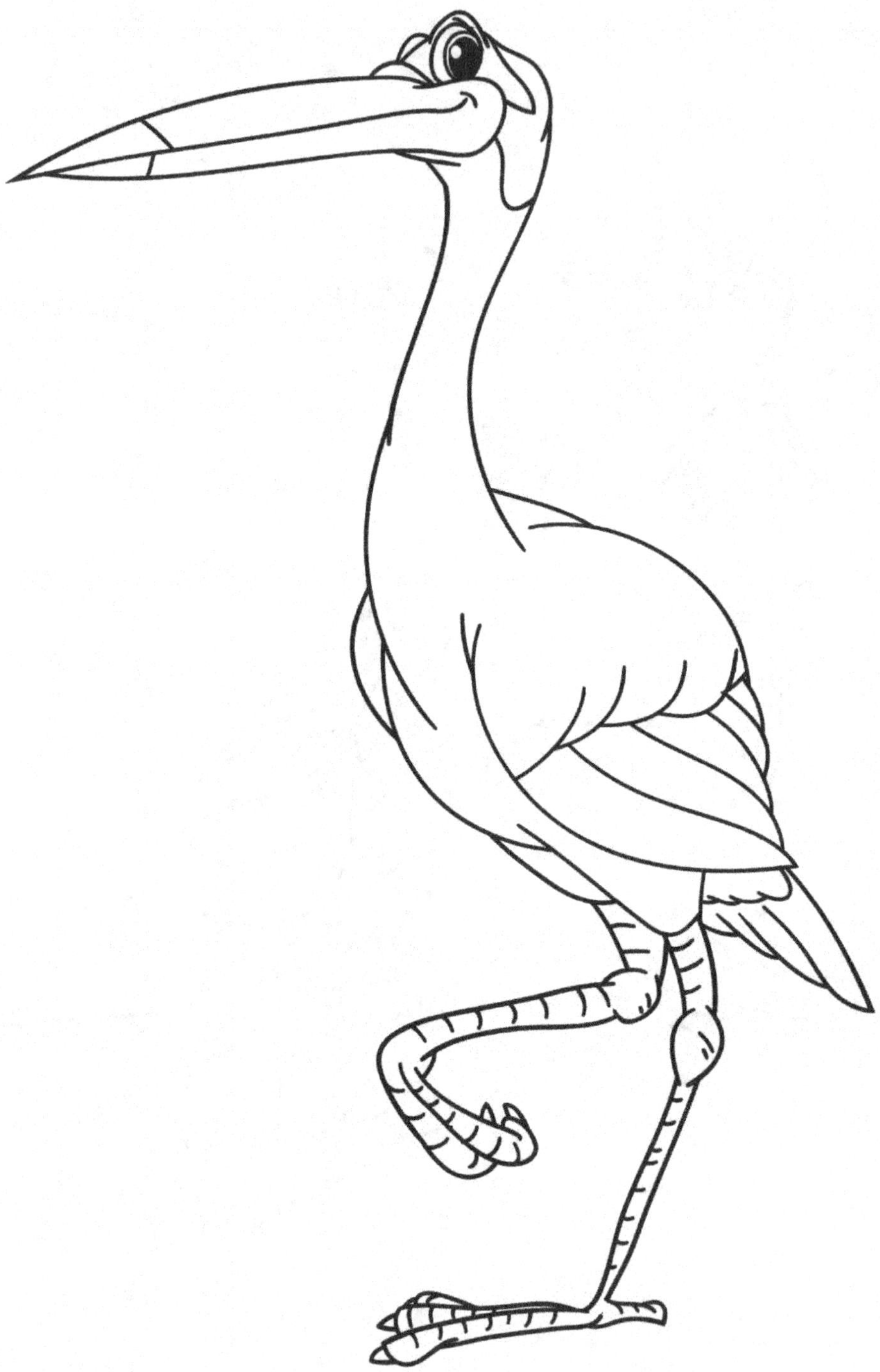

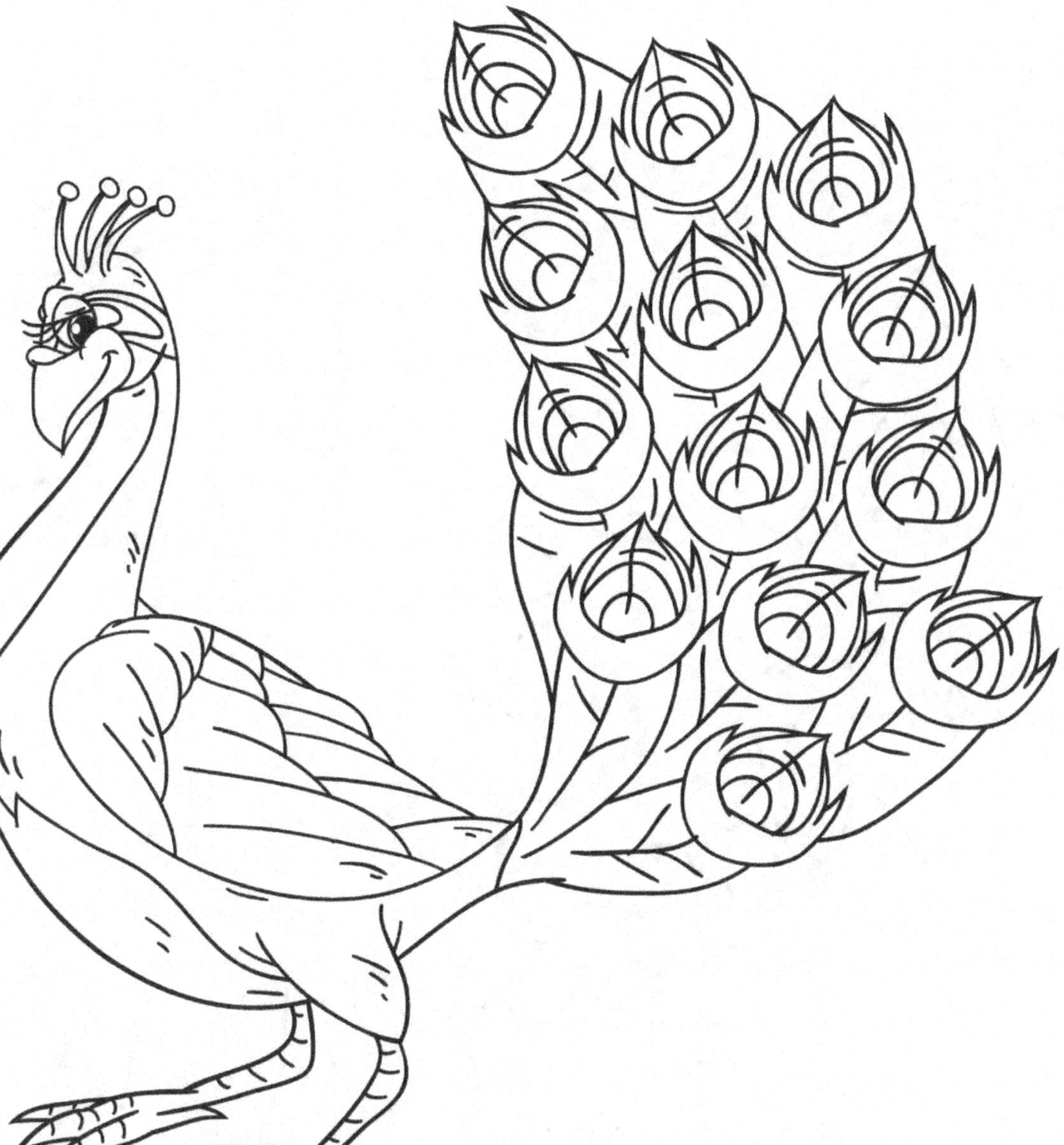

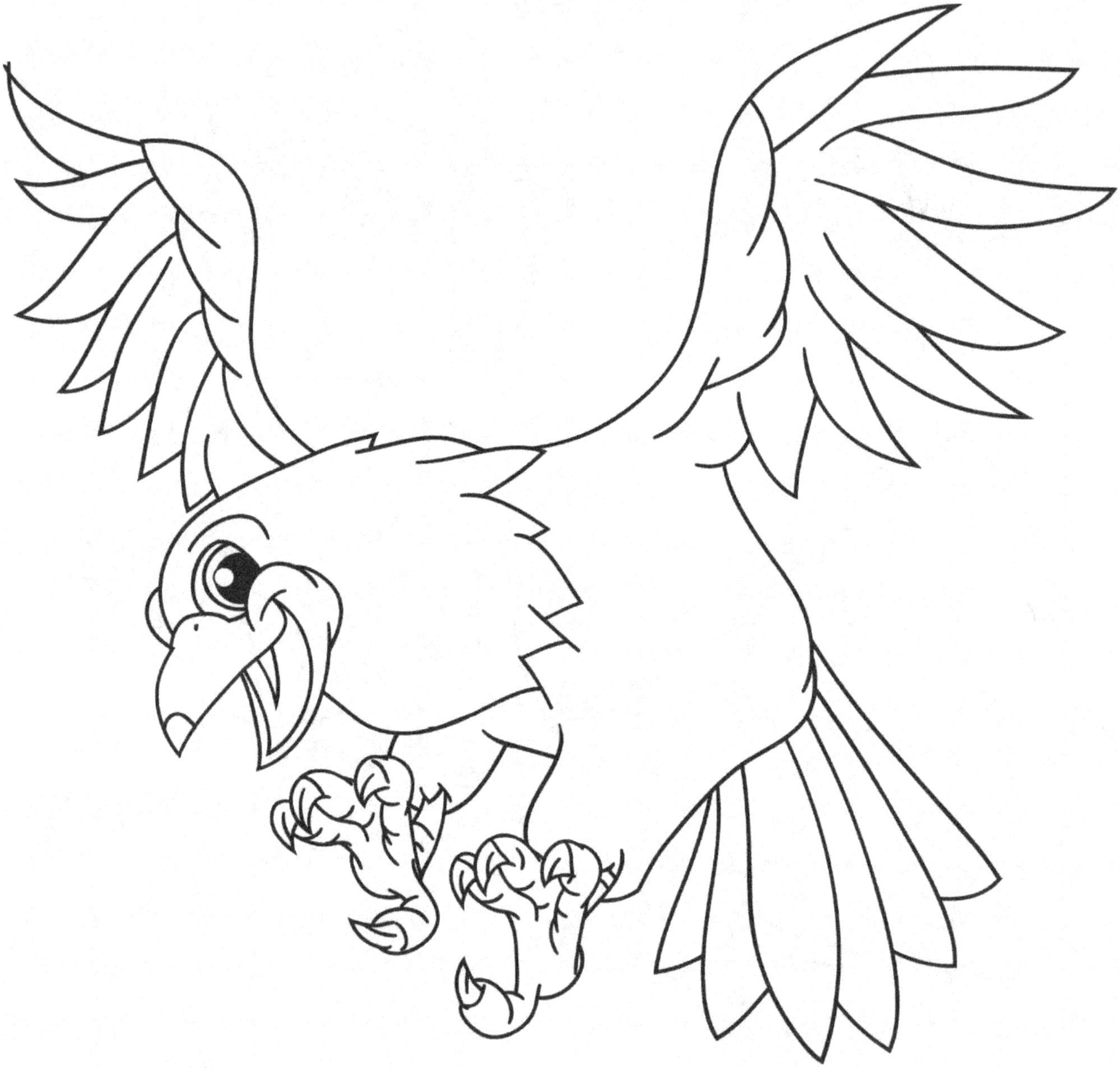

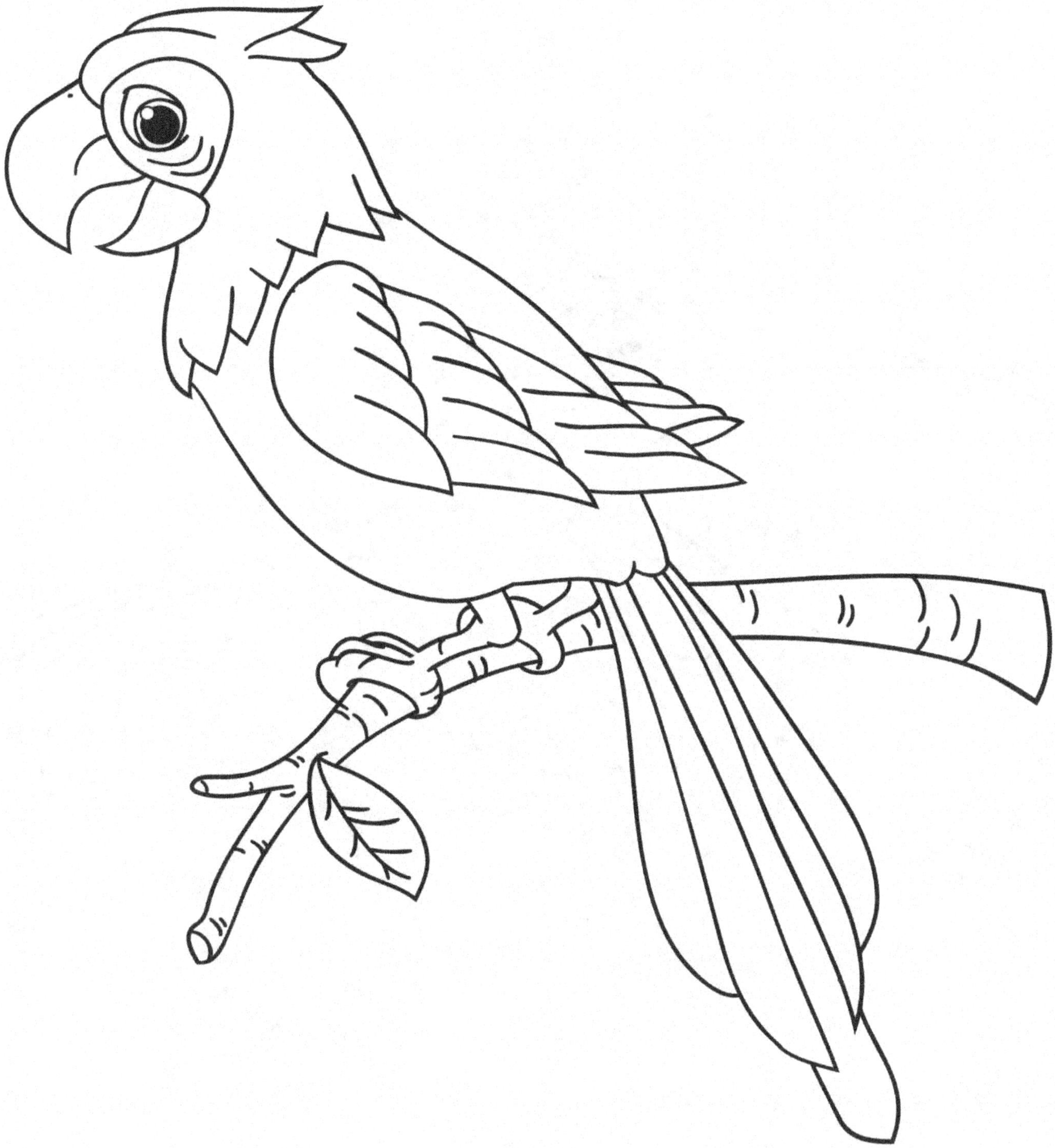

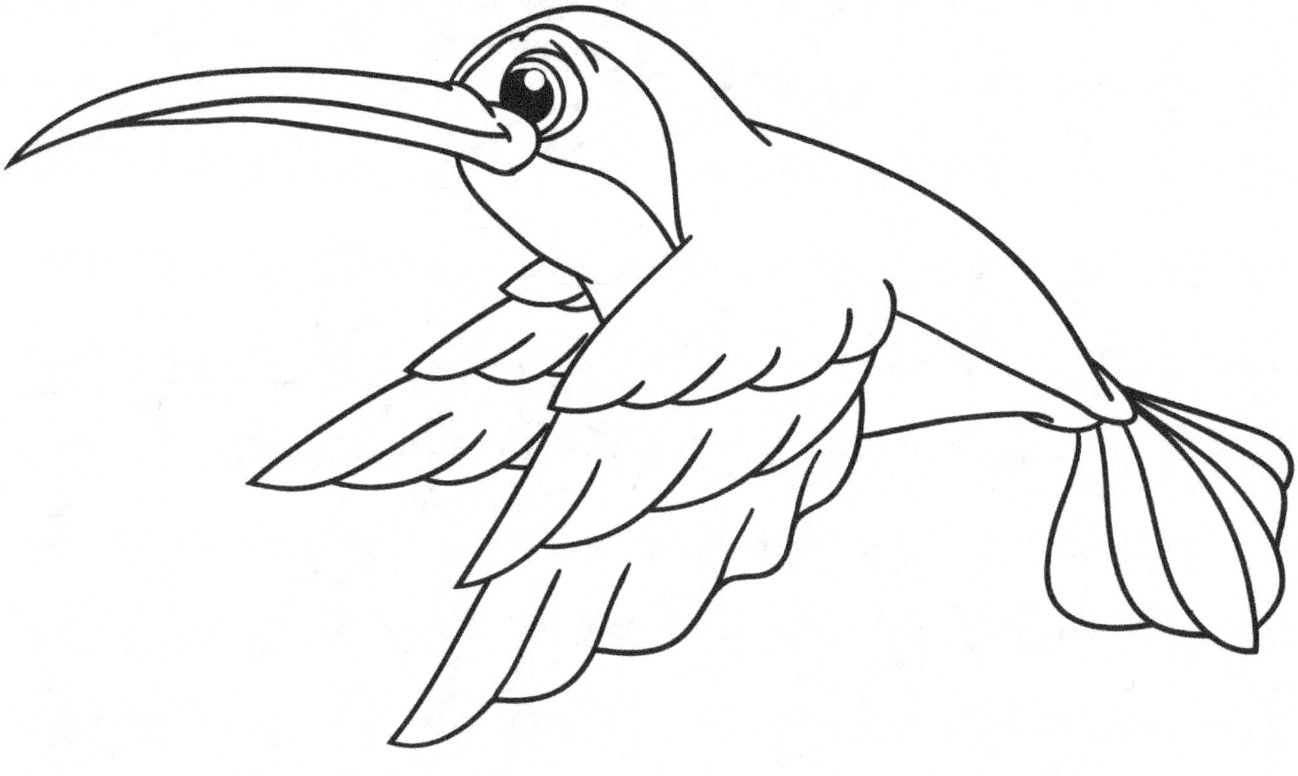

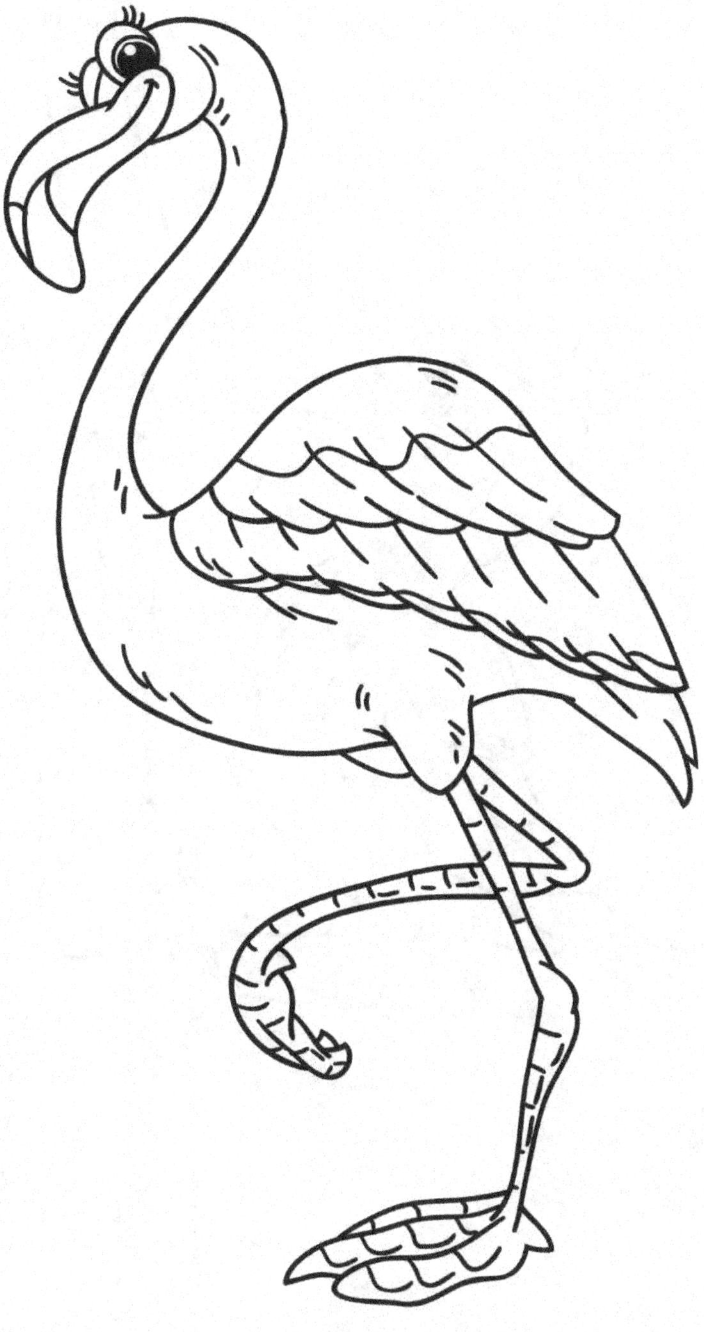

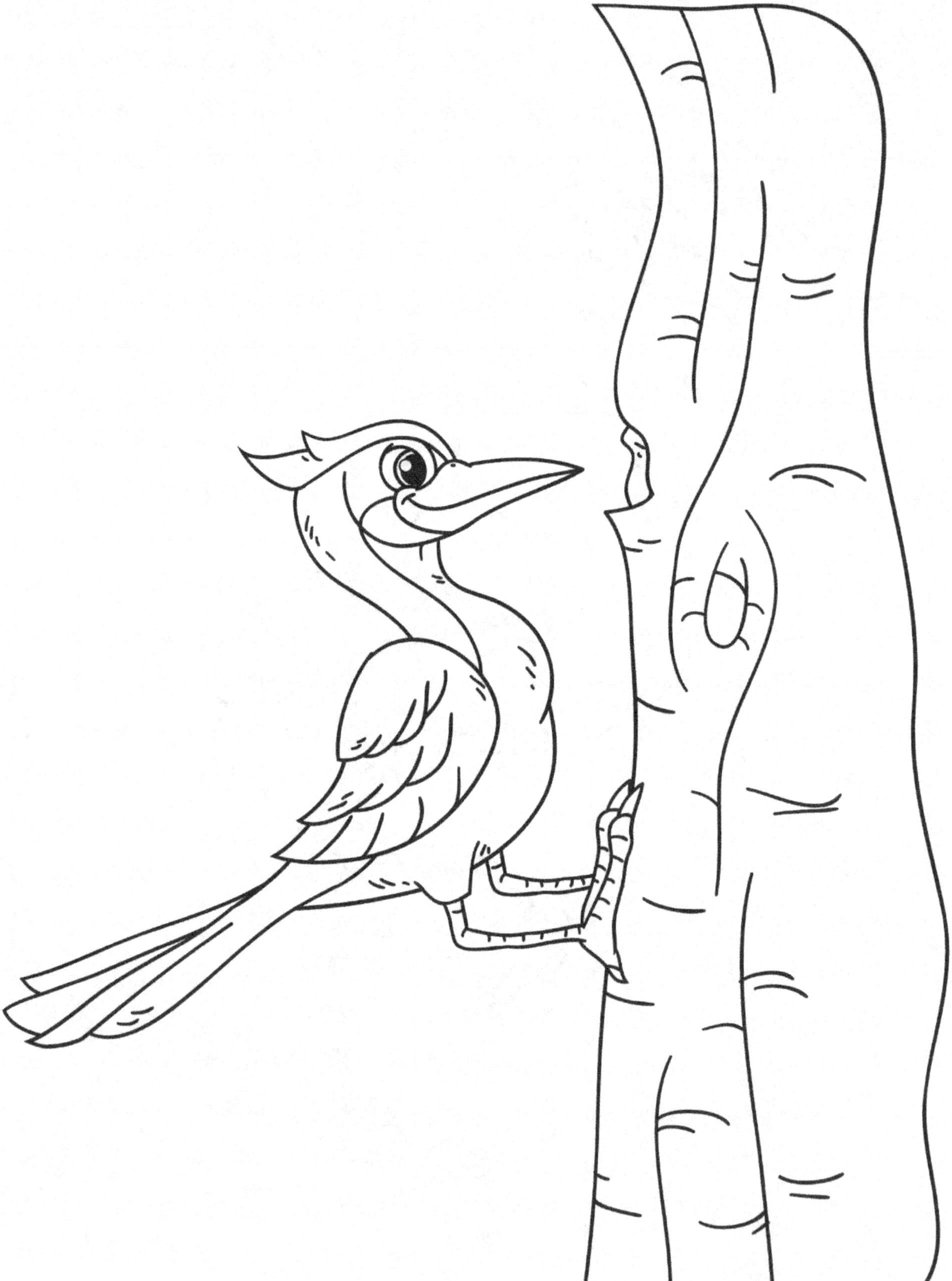

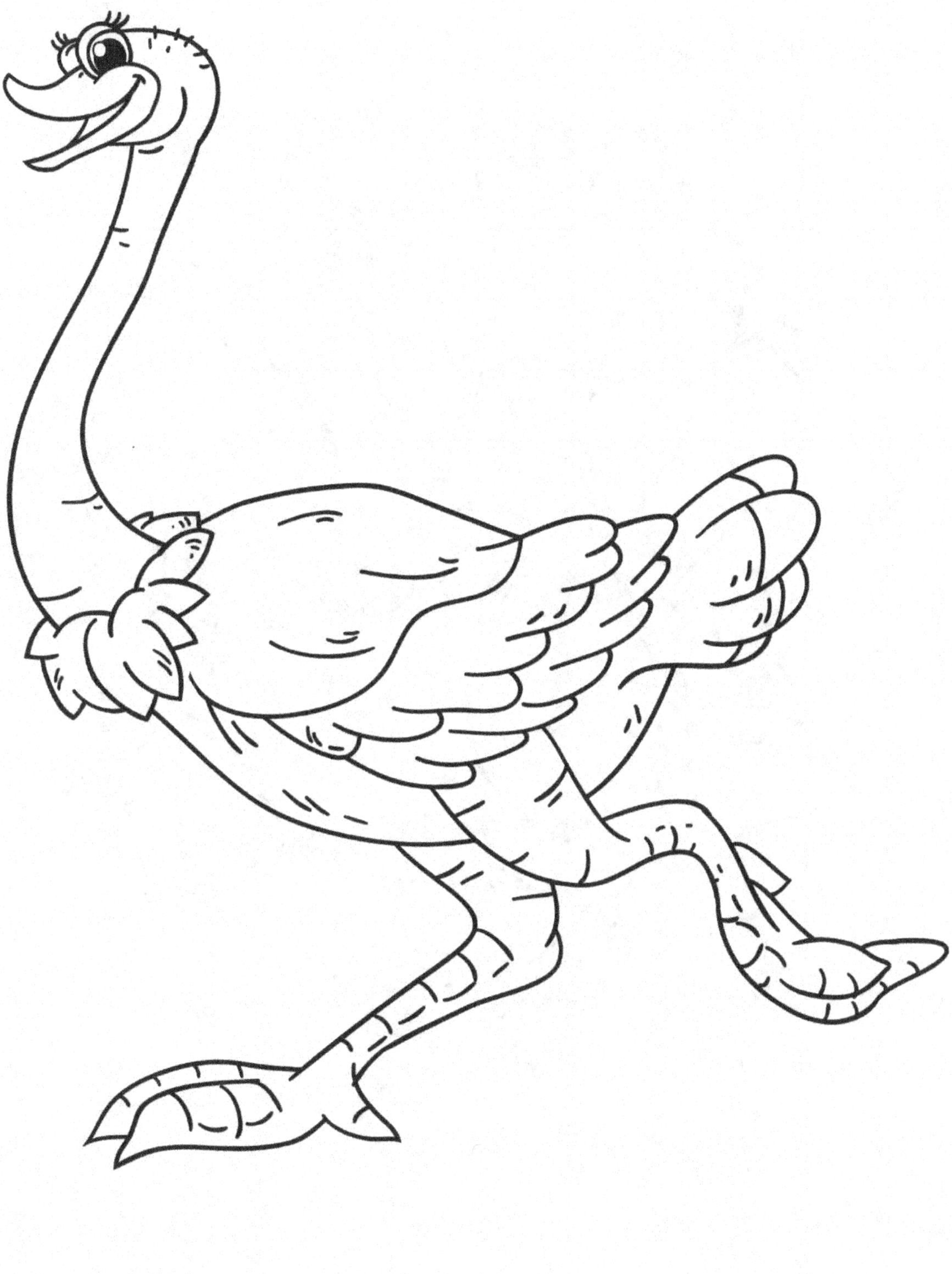

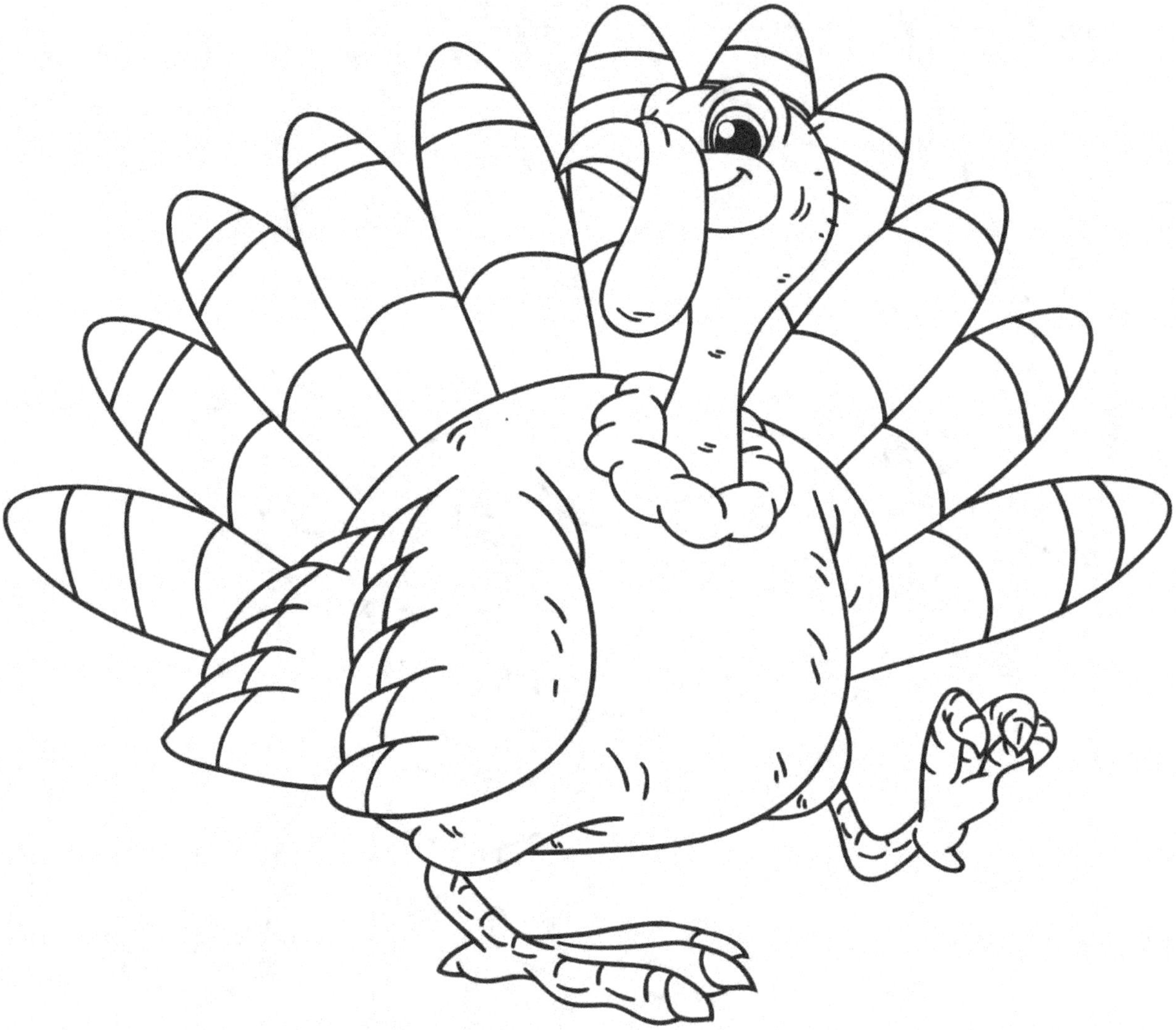

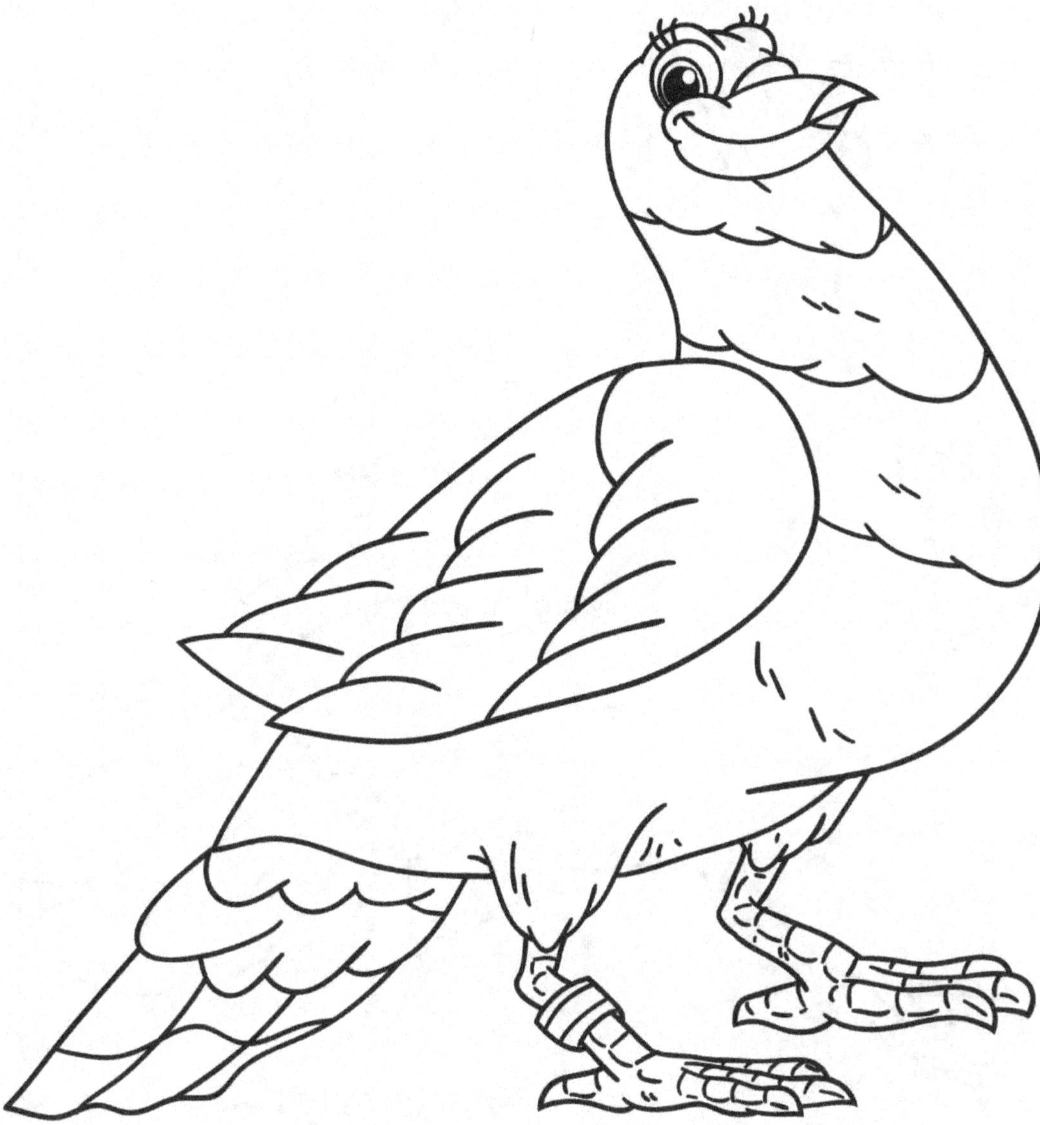

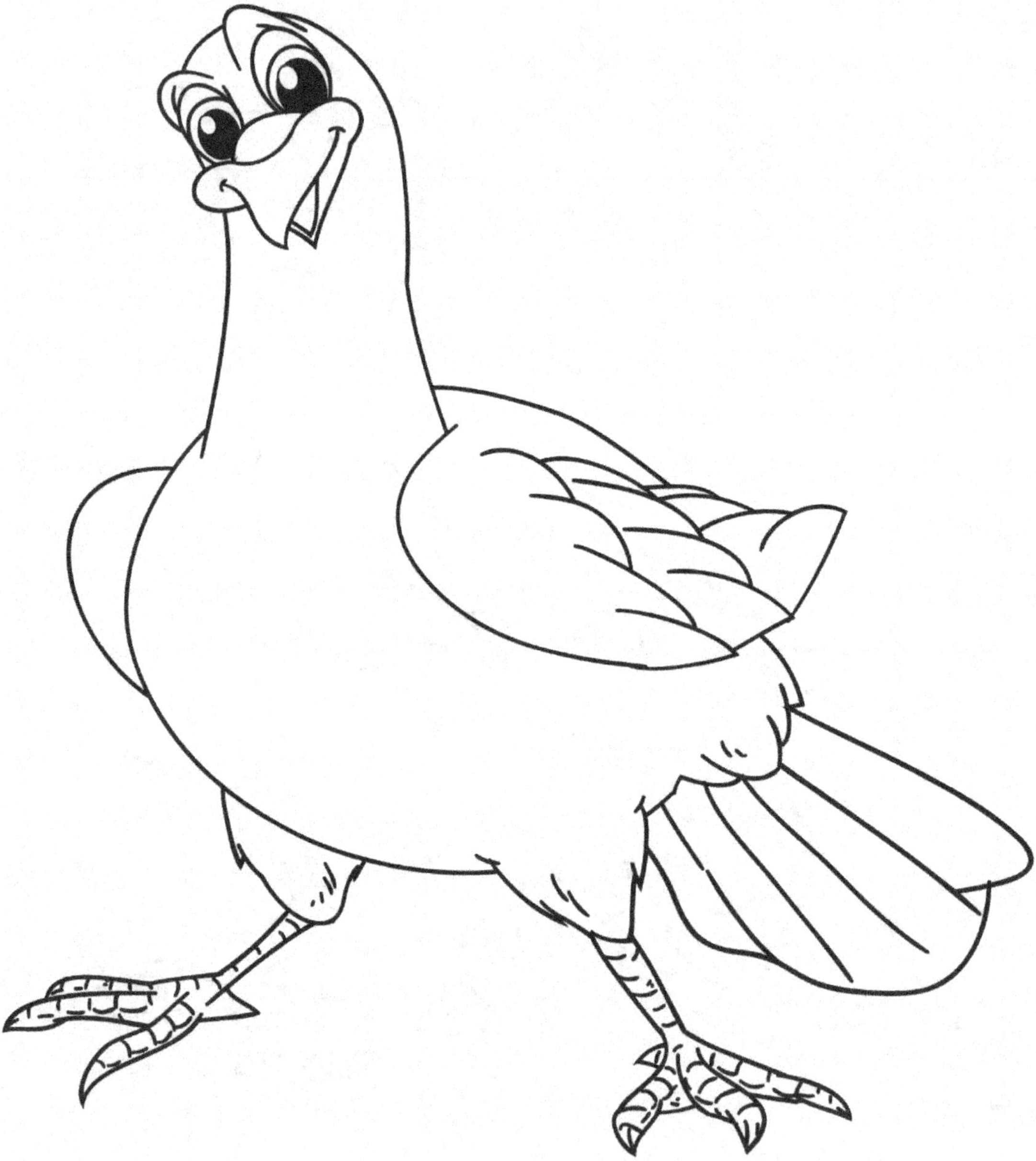

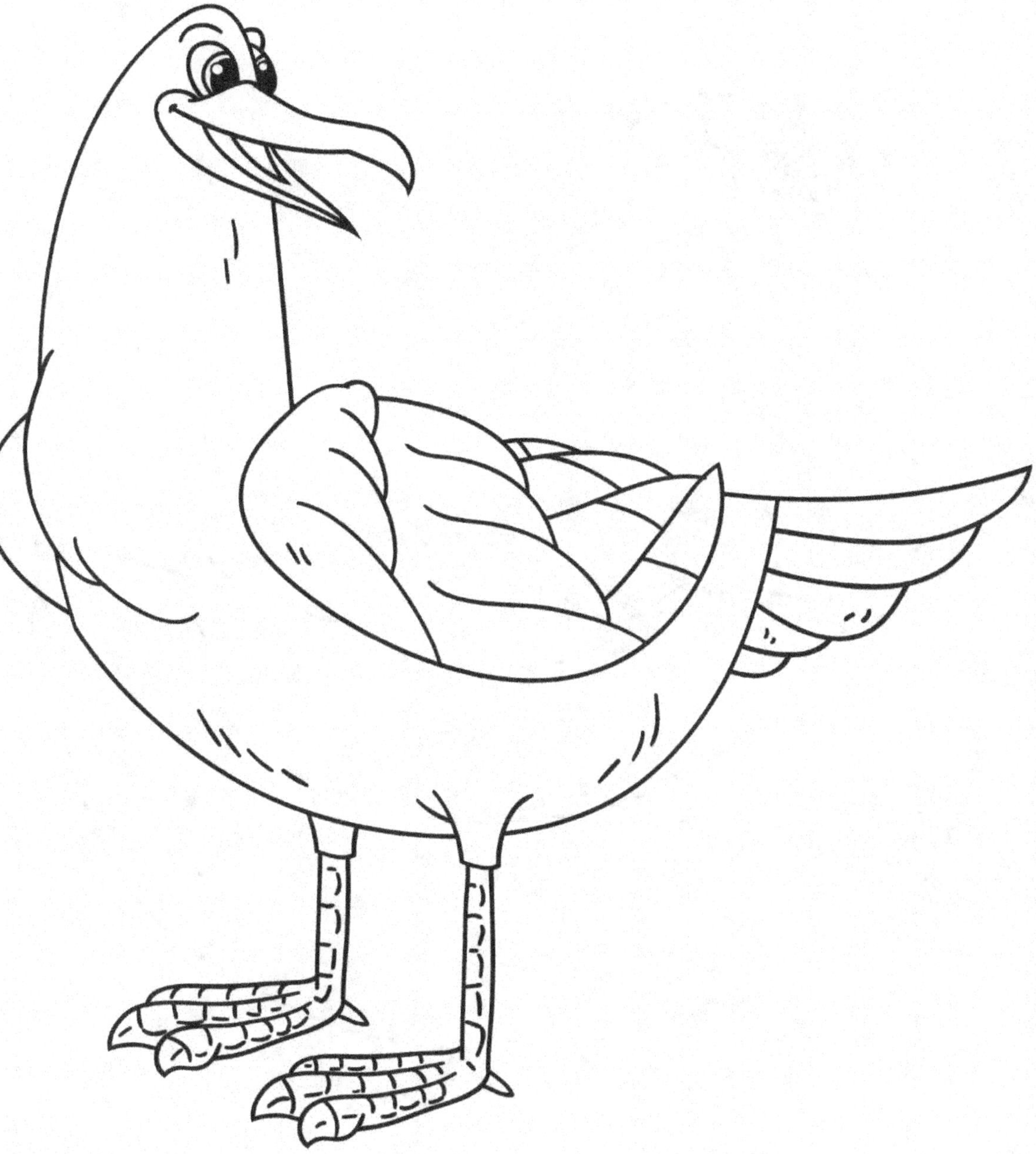

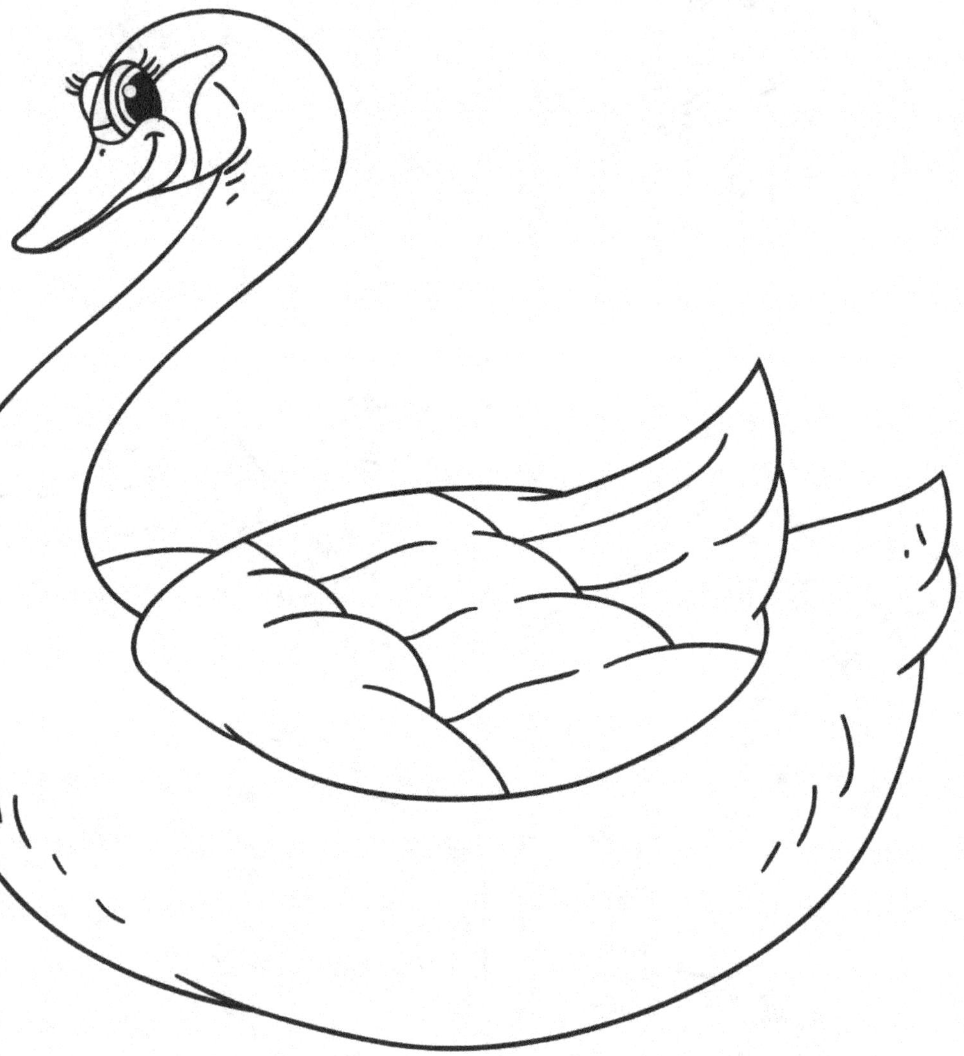

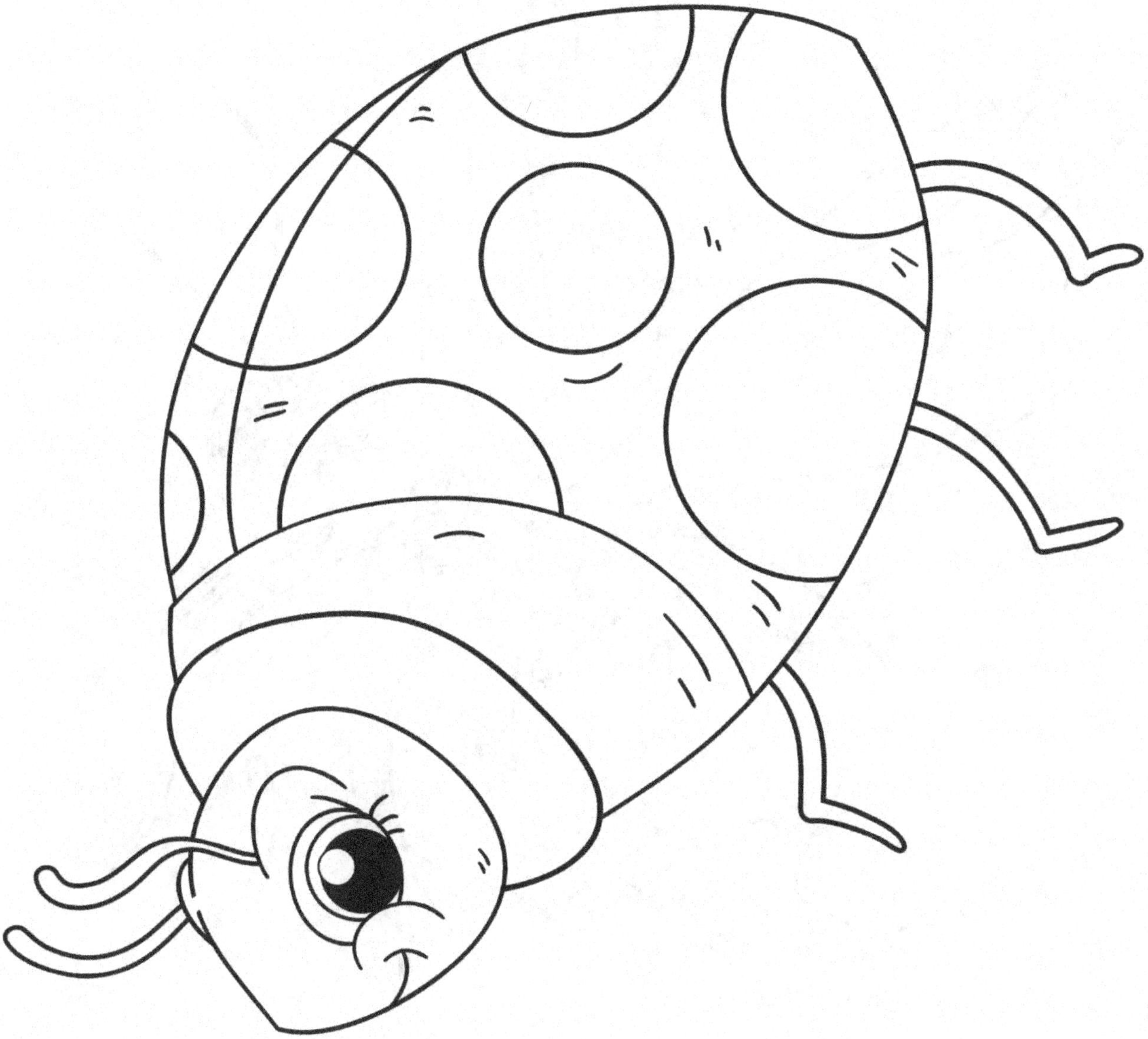

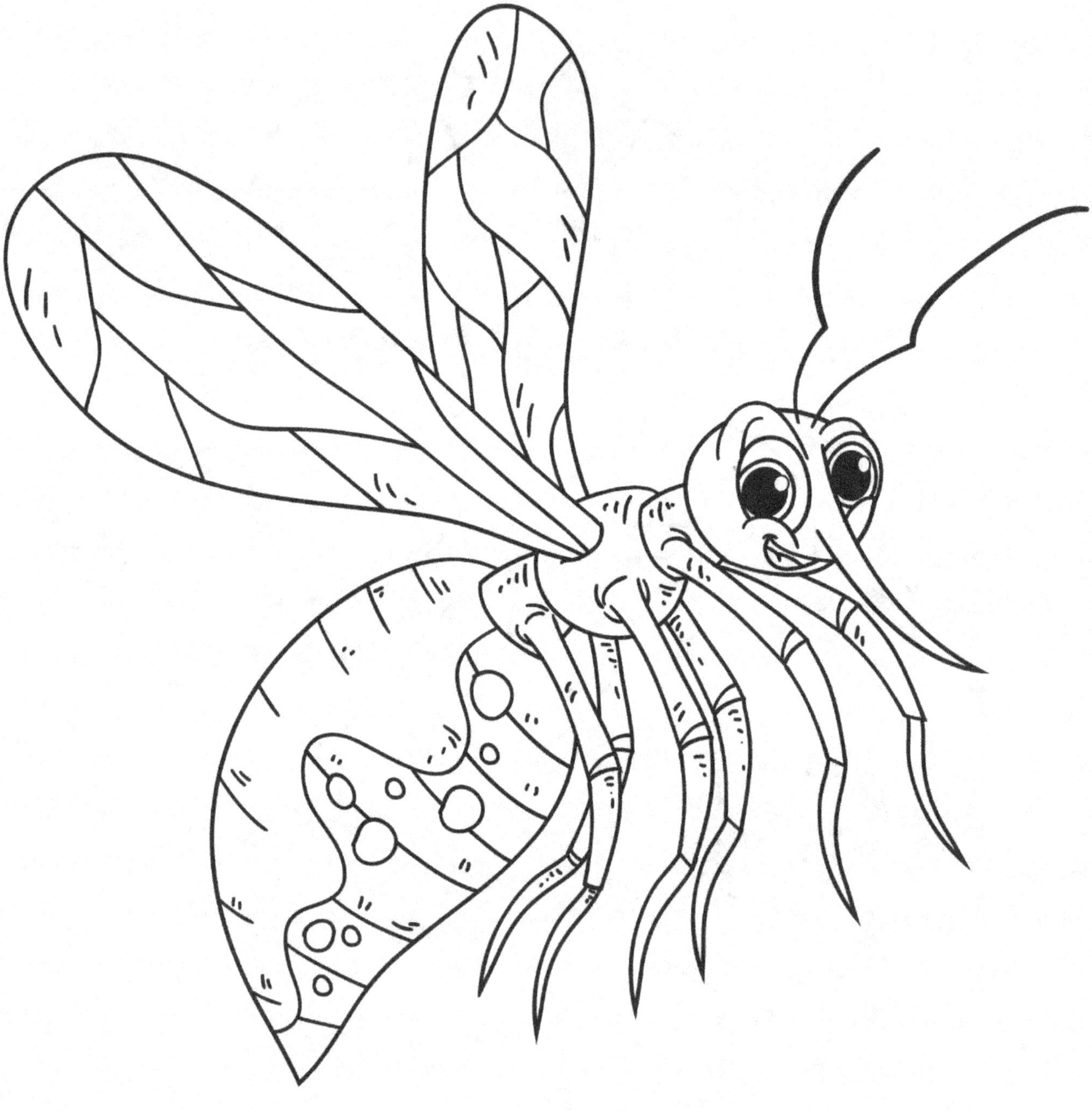

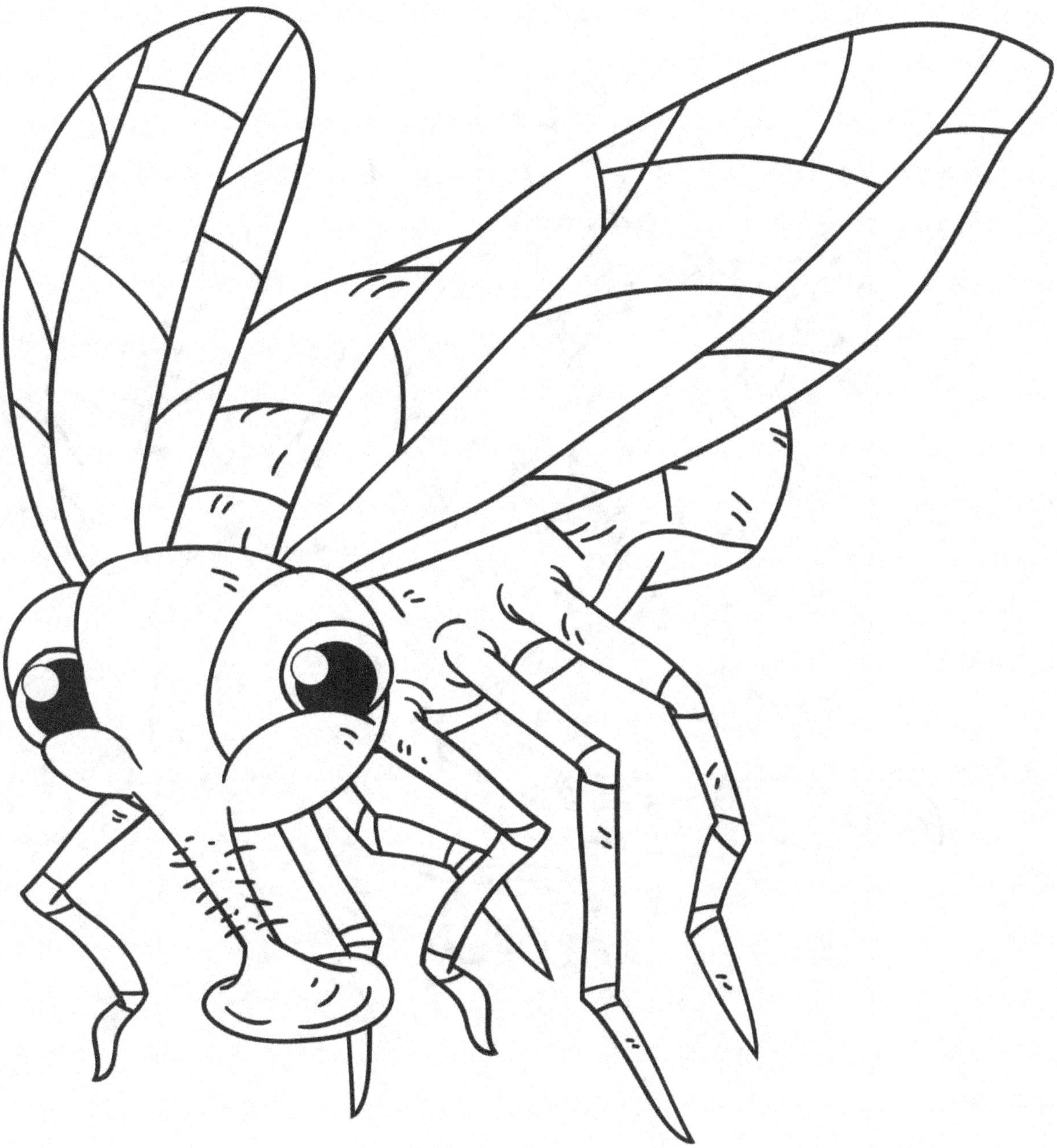

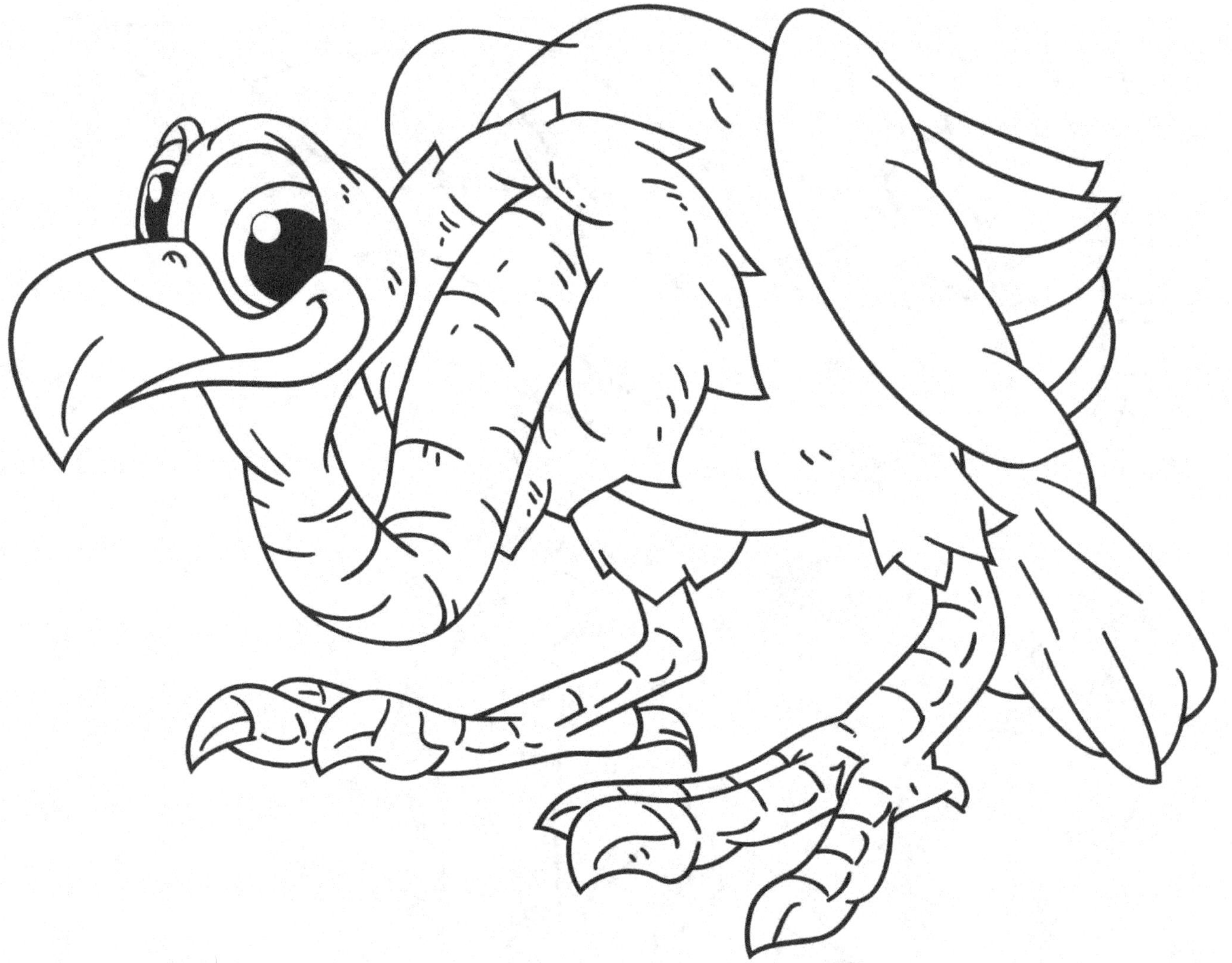

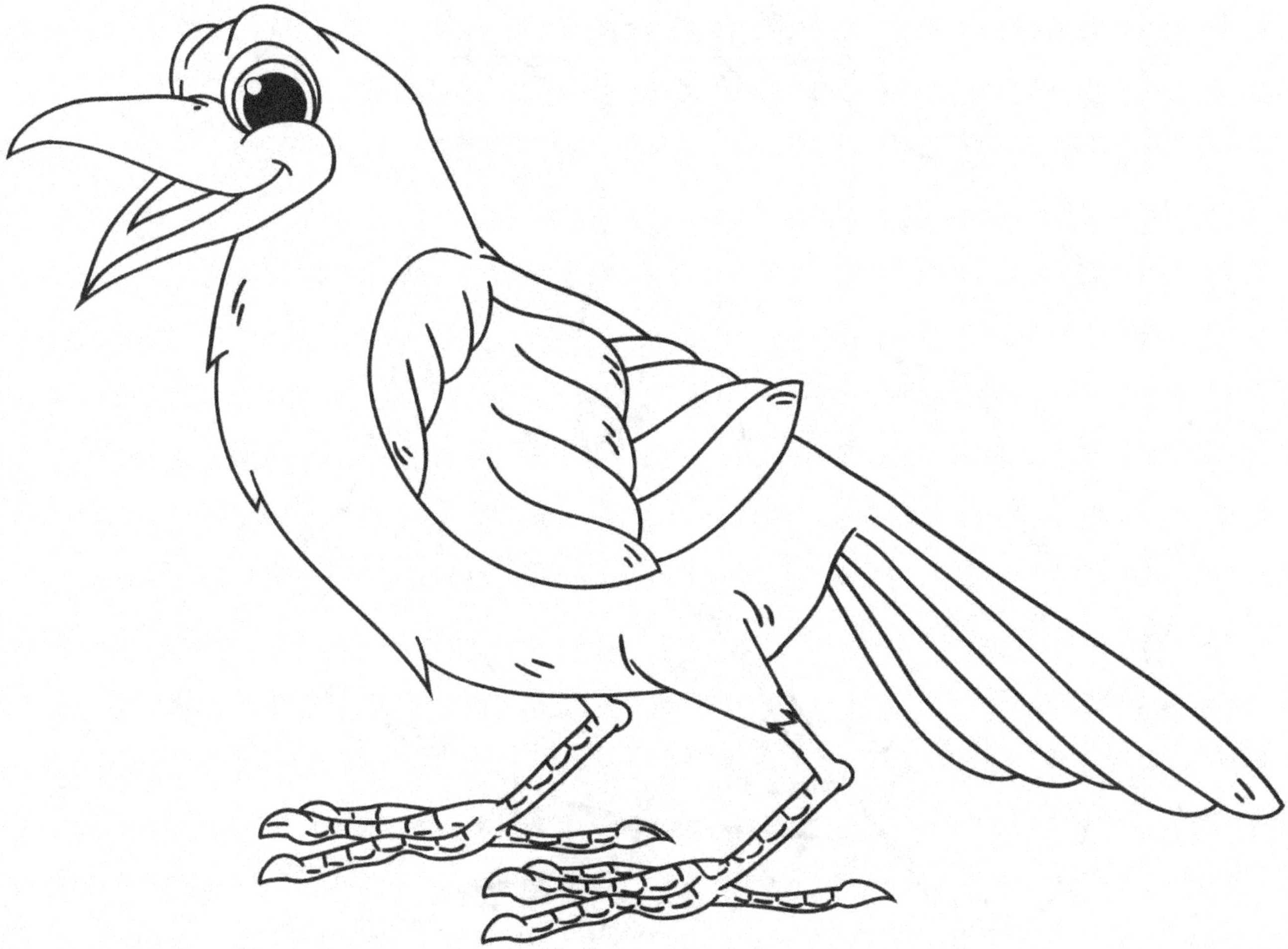

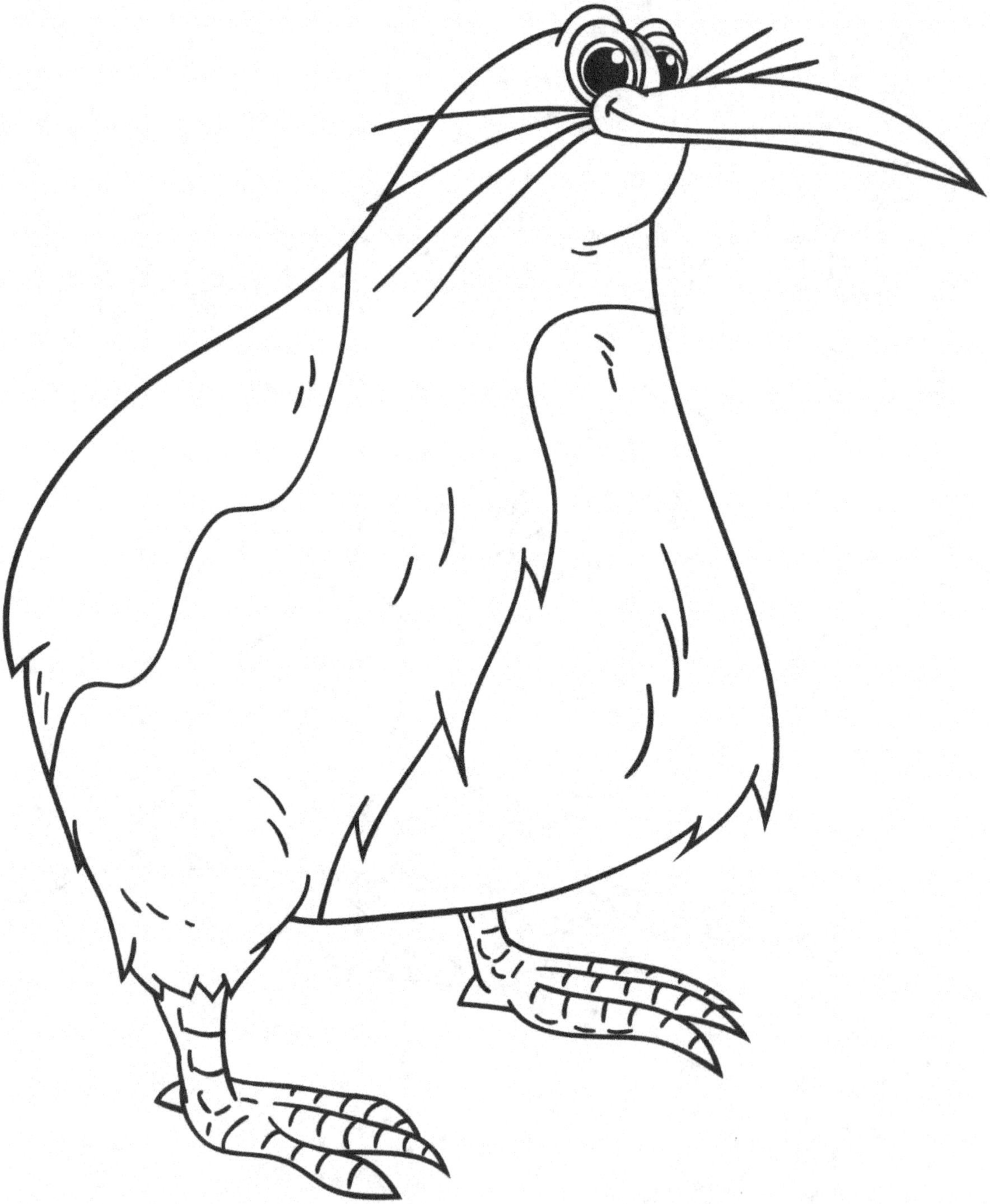

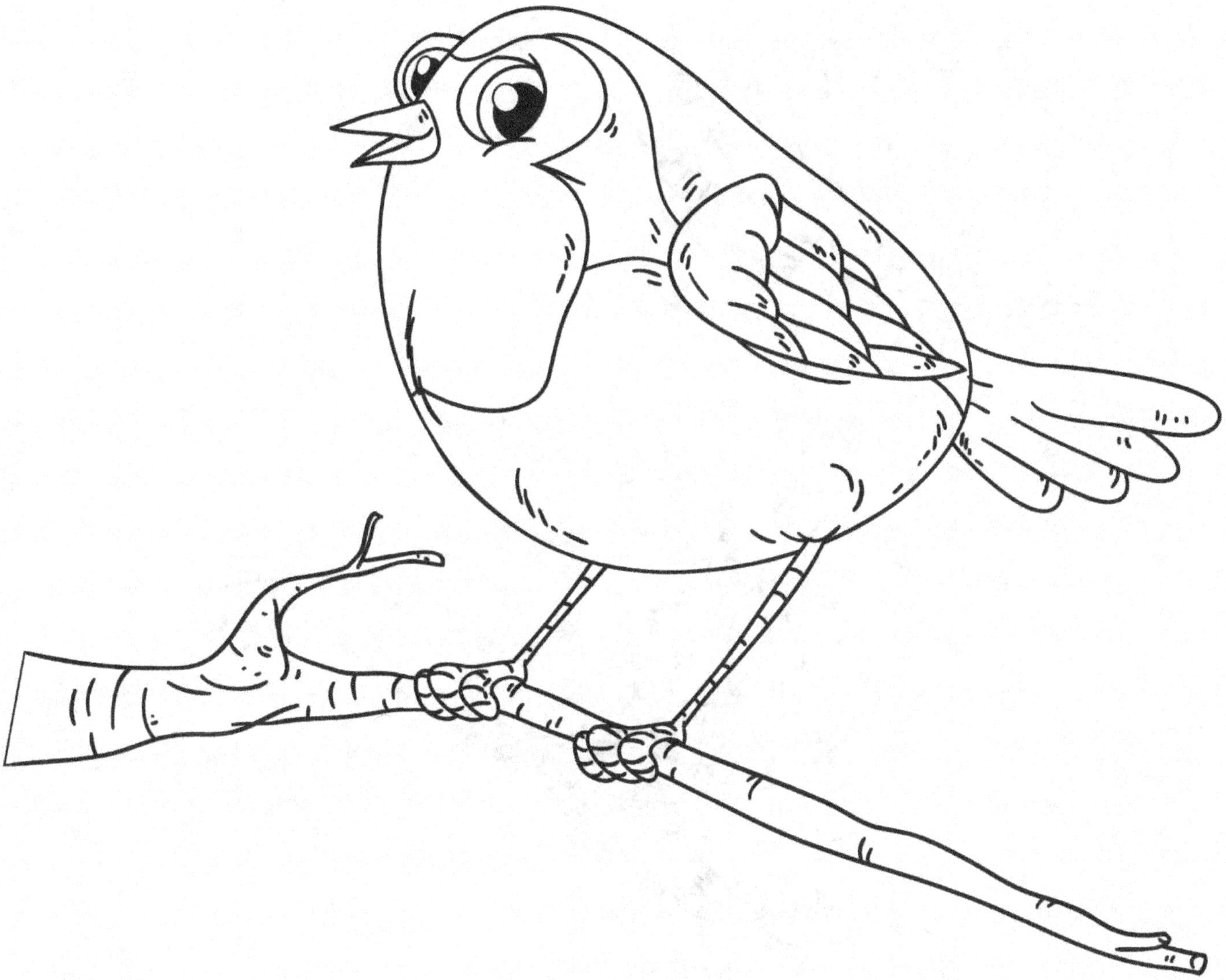

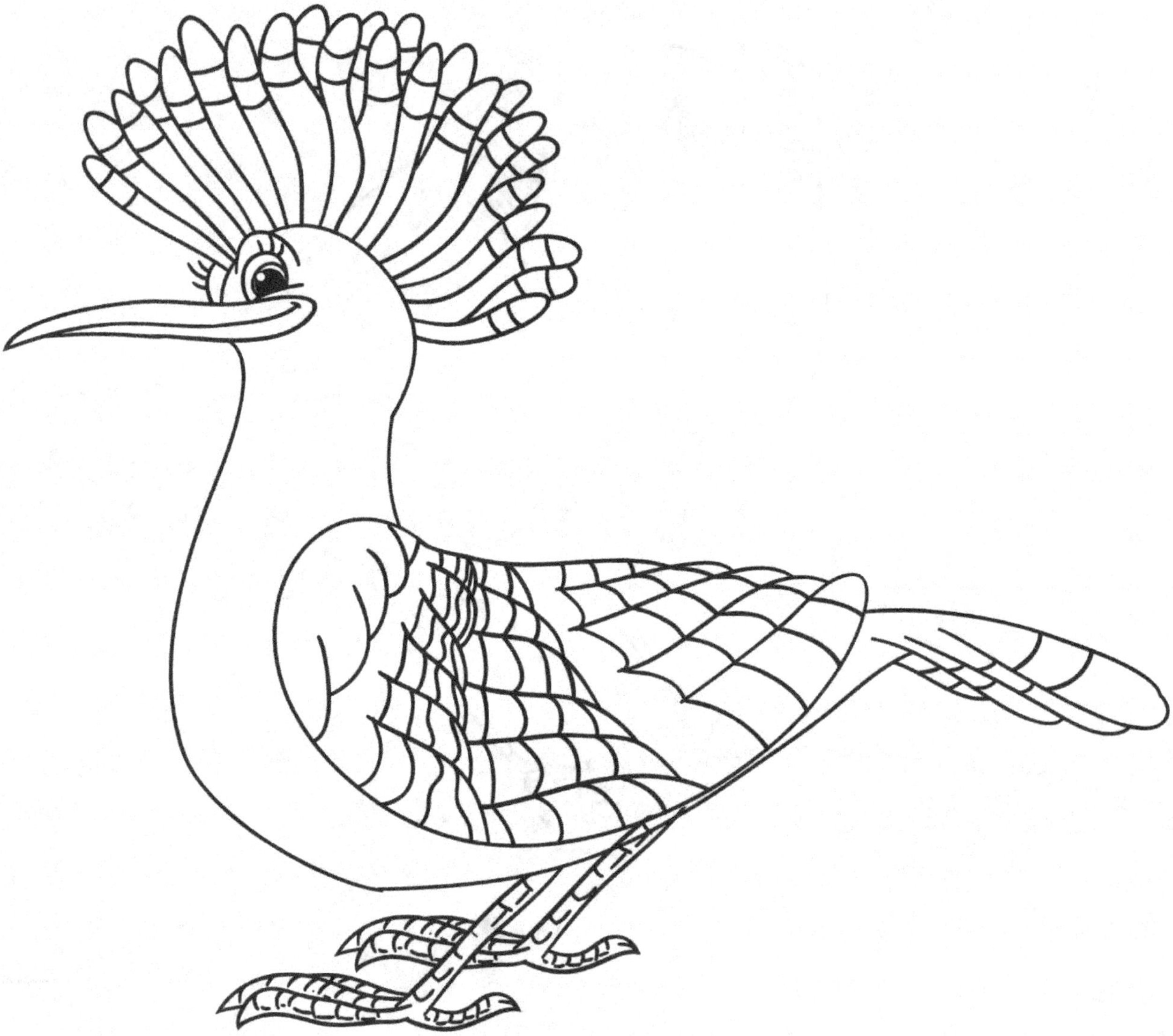

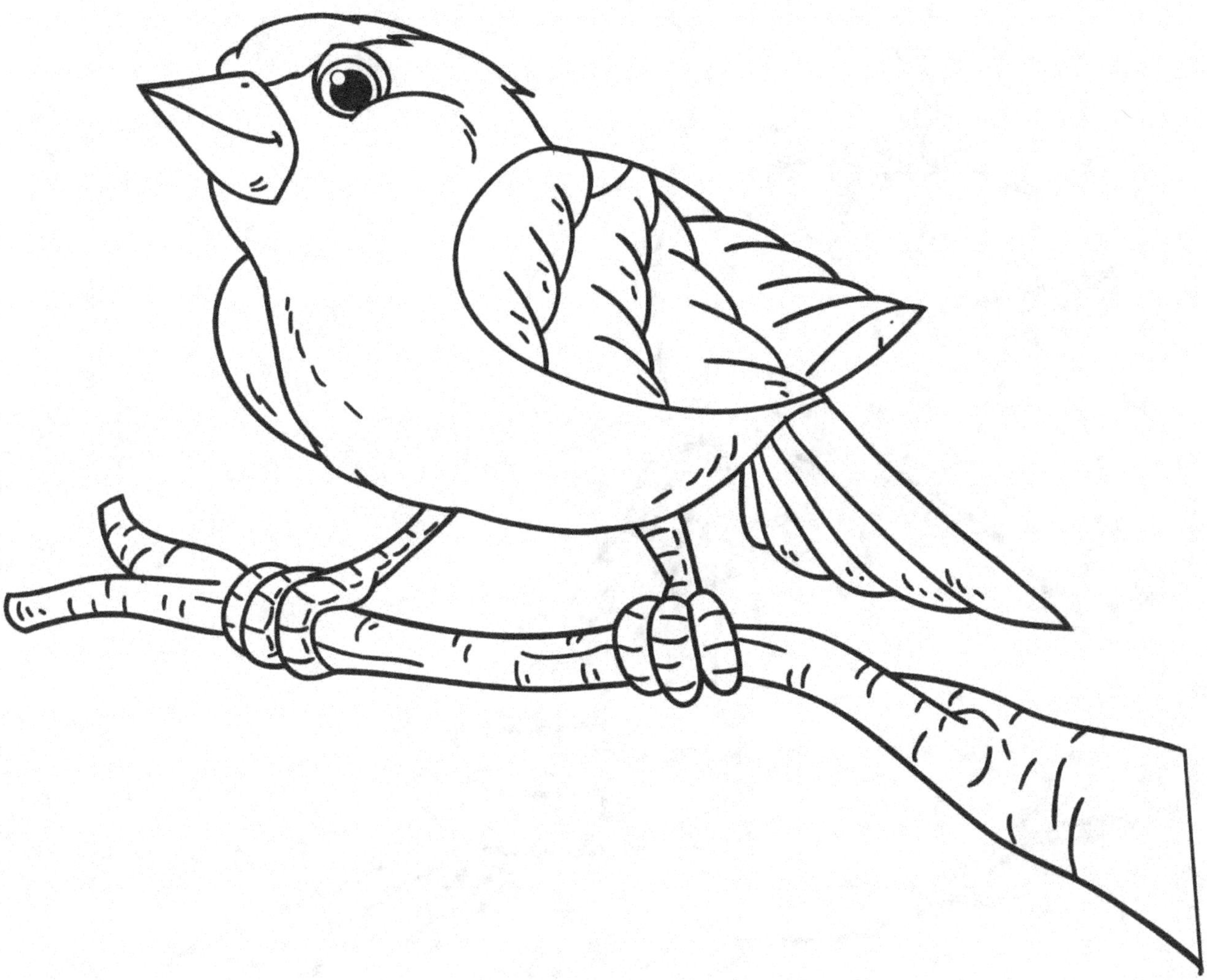

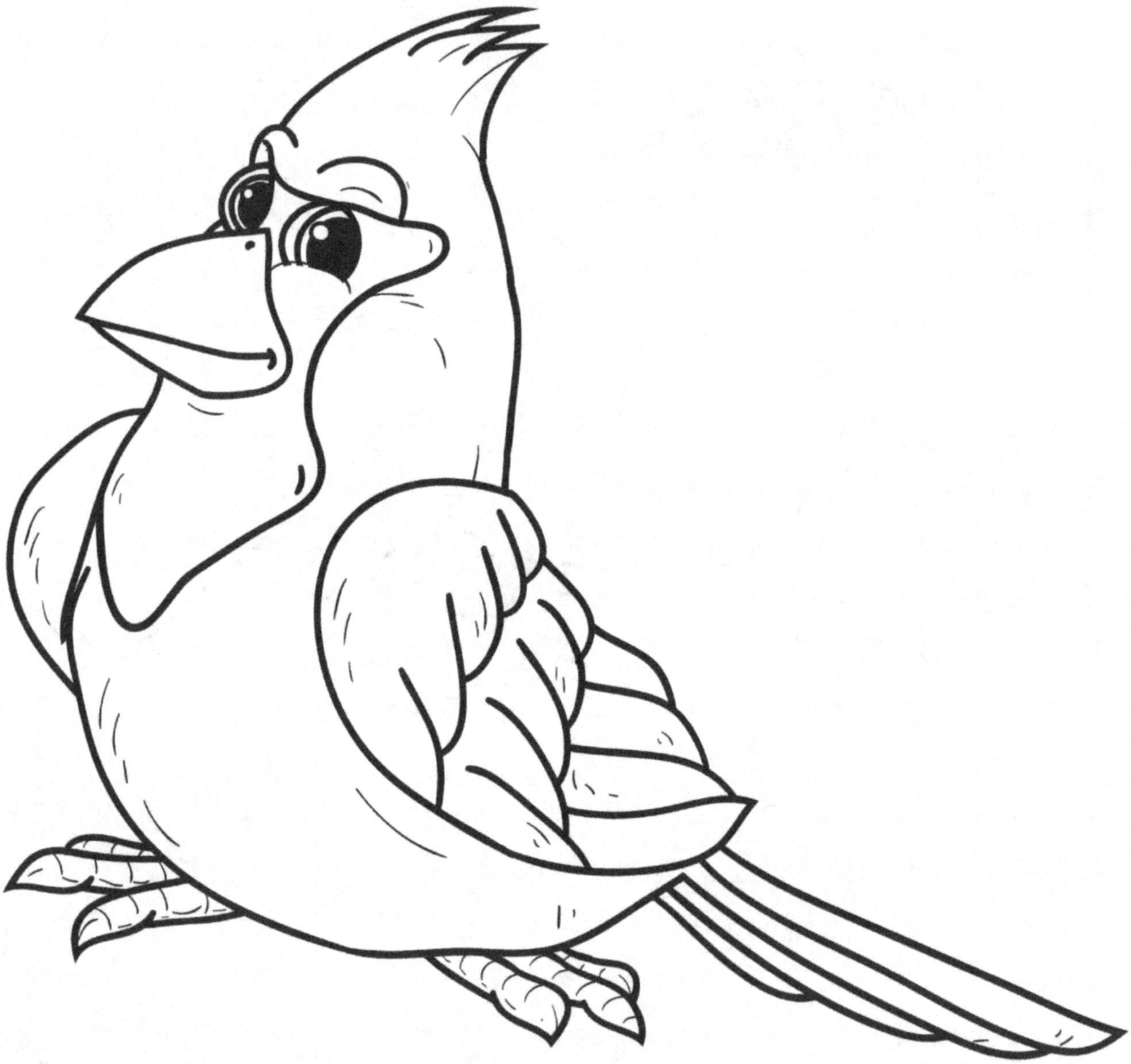

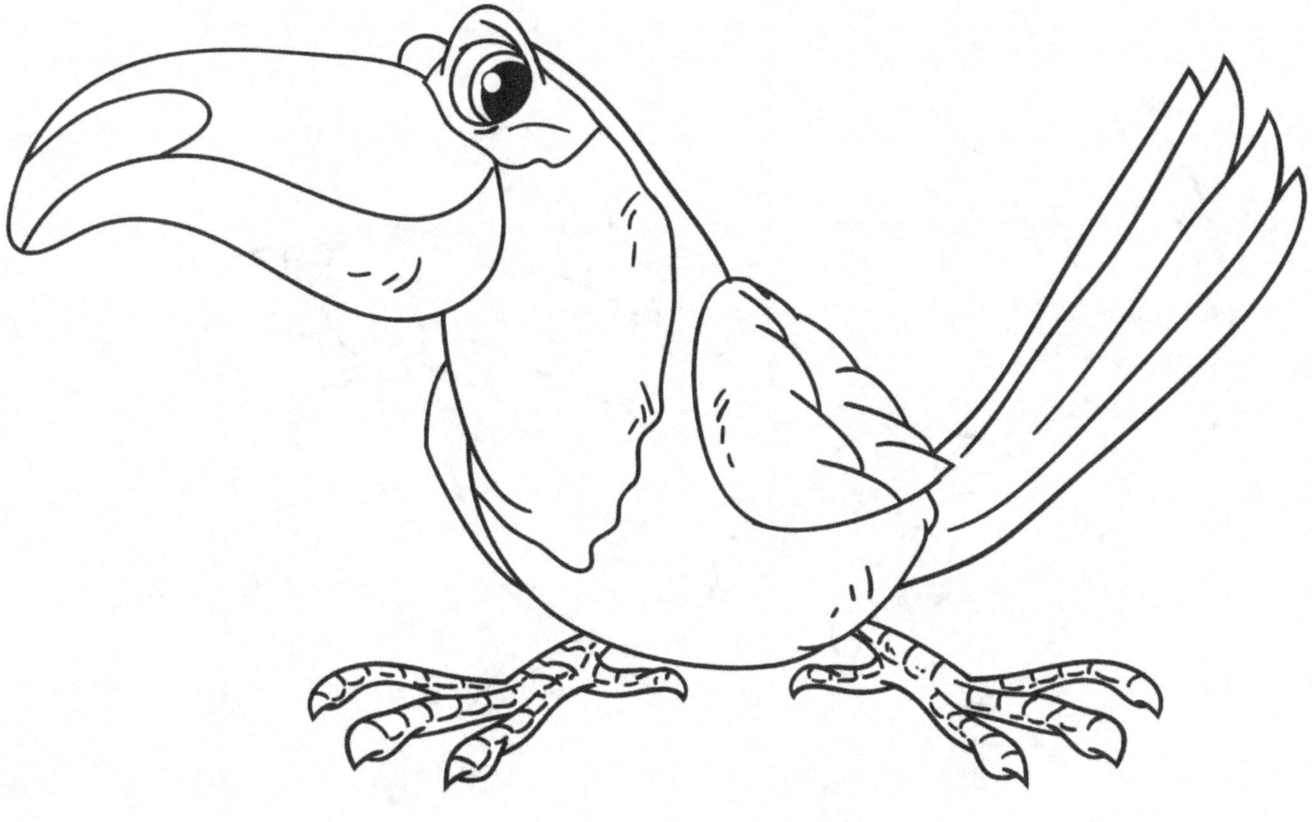

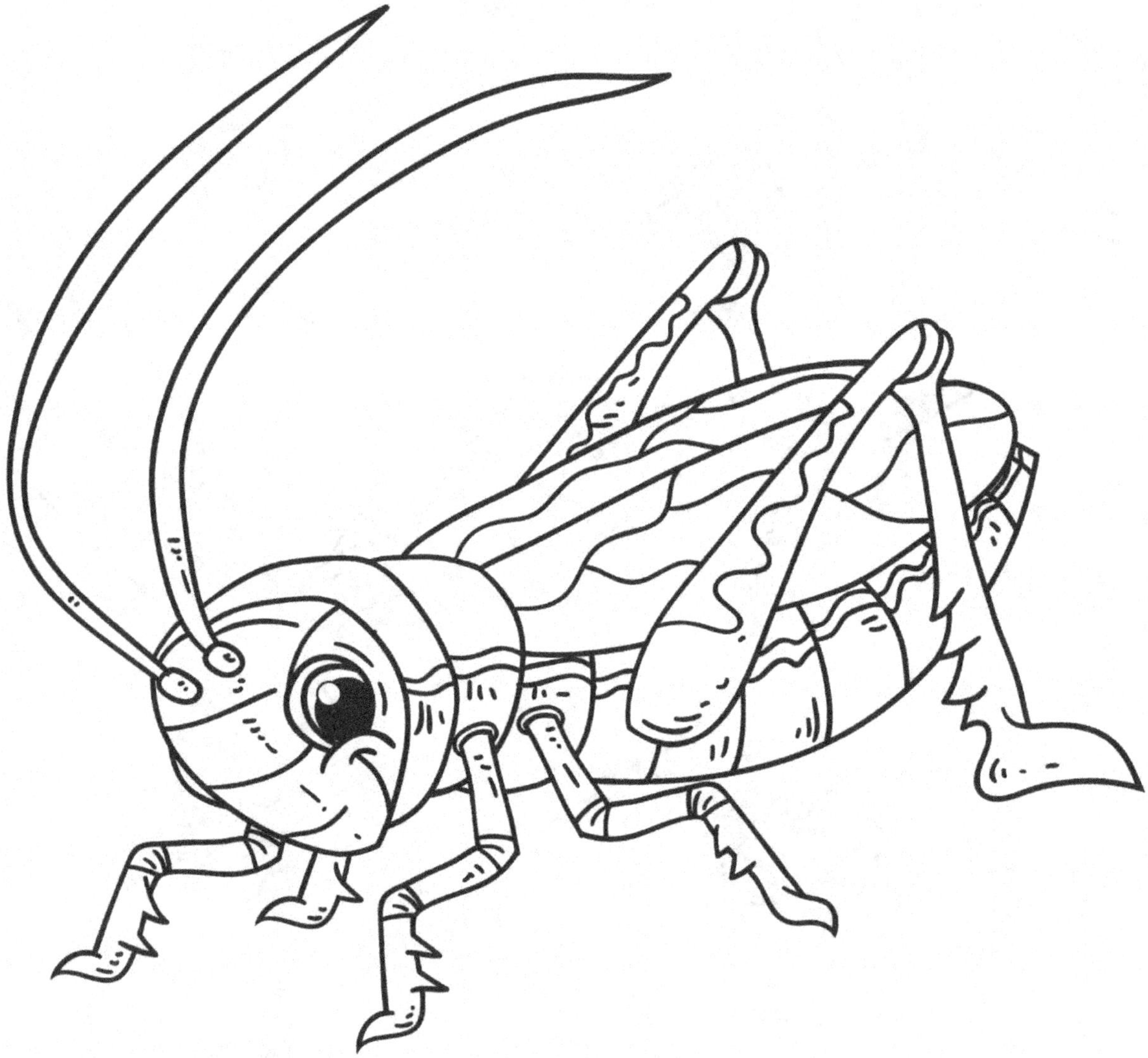

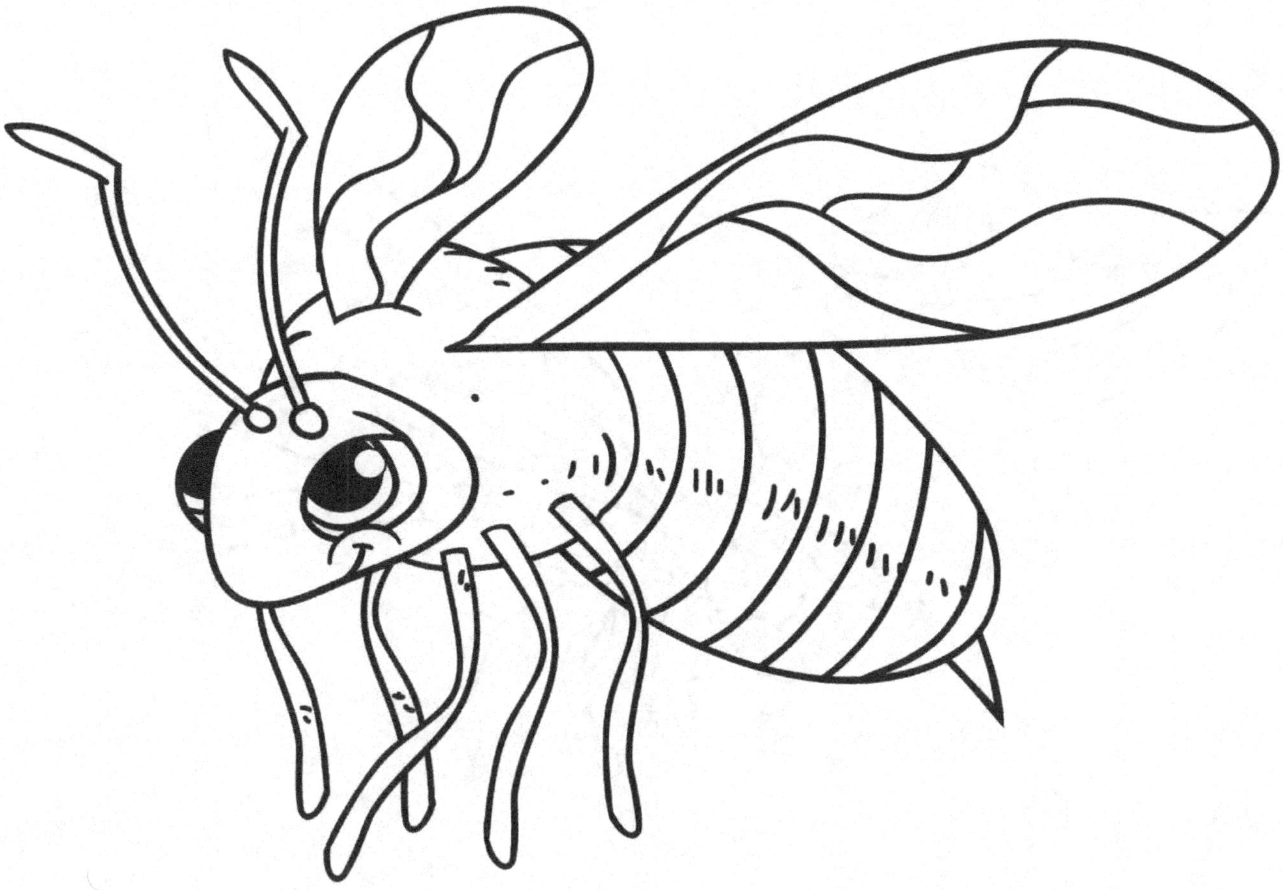

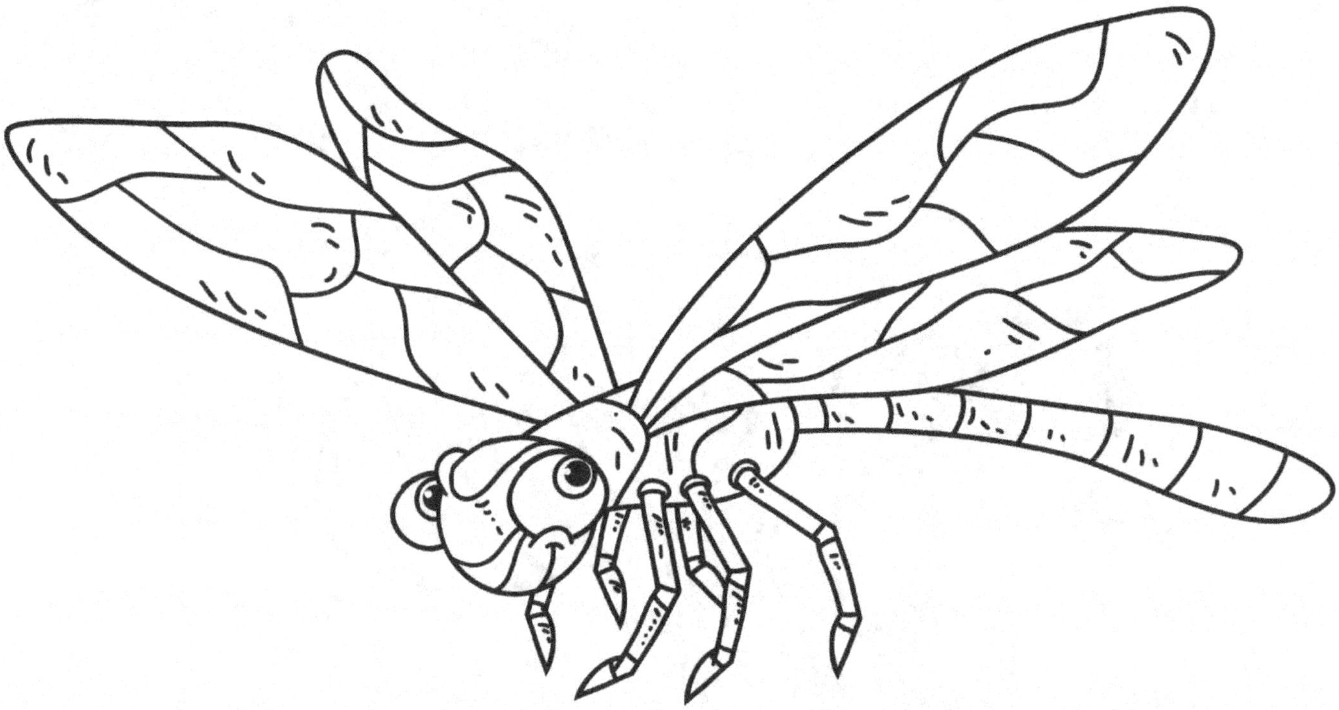

www.ingramcontent.com/pod-product-compliance
Lightning Source LLC
Chambersburg PA
CBHW081709220526
45466CB00009B/2922
* 9 7 8 1 6 7 0 8 6 1 7 8 8 *